INSTRUCTION

THE WORDS IN THE PUZZLE ARE PLACED VERTICALLY, HORIZONTAL AND DIAGONALLY.THRY ARE ALSO PLACED BACKWARD AND SIDEWAYS.
THE WORDS TO BE FOUND ARE GIVEN BELOW THE PUZZLES BELOW IN EVERY PAGES

This book belongs to

____

Puzzle 1

O	A	E	Y	T	E	W	P	H	F	H
W	S	P	E	L	O	I	S	O	G	A
H	E	H	P	E	T	I	H	O	G	U
A	G	N	N	A	L	S	B	A	T	N
U	A	O	C	U	R	L	O	O	G	T
N	E	O	O	H	I	I	P	H	I	I
T	G	H	E	N	A	T	T	E	G	N
E	G	H	R	N	C	N	G	I	N	G
D	E	A	O	H	N	O	T	T	O	I
N	H	H	E	S	E	C	E	E	P	N
E	S	U	O	H	T	T	H	I	D	H

Apparition	Enchanted	Ghost
Ghostly	Ghoulish	Goblin
Haunted	Haunting	House

Puzzel 2

Hobgoblin	Levitation	Medium
Occult	Orbs	Paranormal
Phantasm	Phantom	

Puzzle 3

D	F	E	O	I	G	N	W	U	T	N	P
T	O	O	Y	T	S	D	R	E	A	D	O
S	E	R	S	R	Q	I	A	A	N	E	S
I	S	C	Y	F	N	A	I	E	E	S	S
E	E	O	N	L	A	G	T	S	S	S	E
G	Q	E	H	A	H	T	H	H	E	E	S
R	E	E	Y	G	E	T	C	F	O	S	S
E	I	N	U	P	I	S	R	S	P	S	I
T	O	T	I	R	I	P	S	A	N	O	O
L	B	P	N	F	A	K	N	S	E	P	N
O	G	S	S	P	E	C	T	E	R	N	H
P	O	O	Y	R	R	M	U	E	T	E	U

Poltergeist
Seance
Unearthly
Possessed
Specter
Wraith
Possession
Spirit

Puzzel 4

S	E	T	S	B	W	A	S	N	I	A	H	C	L
S	E	F	A	E	O	C	E	N	B	O	W	B	Y
B	T	W	S	D	N	E	A	T	O	S	L	A	O
S	B	E	H	T	E	O	C	D	K	O	B	D	R
O	V	D	Z	O	S	I	B	B	O	L	E	C	E
M	L	I	I	O	D	E	M	D	E	T	A	E	K
H	R	T	R	S	P	F	C	N	A	R	R	D	C
L	E	B	H	L	R	U	S	T	V	H	B	L	U
A	E	T	H	T	R	S	I	E	I	L	J	U	S
G	B	B	R	D	N	P	D	W	O	L	A	Y	D
O	D	G	L	N	A	L	F	O	F	E	A	H	O
I	O	I	R	C	I	H	D	E	K	A	O	T	O
E	N	E	E	O	I	Y	T	R	O	L	V	D	L
G	E	D	E	C	N	O	M	E	D	R	D	E	B

Bloodcurdling
Bloodsucker
Bloody
Bones
Carved
Chainsaw
Decapitated
Demon

Puzzle 5

E	C	G	C	E	L	E	T	E	T
S	V	H	F	G	L	J	M	G	E
H	I	I	E	F	J	O	M	N	F
Y	N	C	L	W	S	I	C	I	I
K	H	M	F	E	R	I	S	K	S
N	R	T	U	G	N	O	G	R	N
I	F	R	O	I	N	I	N	U	T
E	G	T	F	N	Y	A	A	L	G
Y	R	O	G	E	C	S	F	R	F
M	S	I	C	R	O	X	E	X	O

Evil	Exorcism	Fangs
Gory	Grim	Gruesome
Knife	Lurking	

Puzzle 6

G	I	I	R	R	E	R	B	A	C	A	M	I	F
N	R	H	T	T	S	E	M	Y	I	A	R	C	T
I	R	C	I	N	A	T	A	S	Y	I	I	I	N
L	S	J	H	I	N	G	N	T	U	T	R	P	O
L	L	N	N	I	S	E	L	G	S	N	I	D	C
I	L	M	O	C	F	E	P	I	H	T	B	E	A
H	Y	S	S	P	R	N	L	N	C	O	T	I	E
C	E	N	O	I	C	A	C	H	S	A	C	F	A
E	I	E	D	L	U	I	F	D	E	F	A	I	H
N	A	B	I	T	S	O	F	T	H	B	A	M	N
I	A	B	I	E	R	I	N	D	H	D	C	M	Q
P	I	R	K	K	B	Z	R	U	I	C	M	U	C
S	D	E	T	A	M	I	N	A	E	R	C	M	K
G	N	I	L	G	N	I	T	E	N	I	P	S	I

Macabre
Reanimated
Spine-Chilling
Mummified
Ritualistic
Spine-Tingling
Pitchfork
Satanic

Puzzle 7

N	N	H	H	E	Y	O	L	E	U	T	T
H	N	G	L	B	S	D	E	O	E	G	E
A	N	E	P	I	E	S	T	S	T	S	I
U	E	E	Y	O	I	O	N	O	U	T	G
N	A	R	L	E	E	O	Y	O	A	S	H
T	I	P	T	L	B	H	H	R	V	E	O
E	I	S	S	E	Y	E	H	C	E	F	S
D	E	A	O	O	P	N	T	O	G	R	T
E	N	C	H	A	N	T	E	D	T	T	E
H	O	B	G	T	L	E	G	I	G	A	N
W	T	H	S	I	L	U	O	H	G	U	R
A	N	I	L	B	O	G	R	M	S	N	I

Enchanted
Ghoulish
House
Ghost
Goblin
Spree
Ghostly
Haunted

Puzzle 8

L	I	H	D	I	L	N	H	P	L	O
A	T	T	T	B	T	S	O	H	E	T
M	O	H	U	L	G	T	B	O	V	L
R	U	R	M	O	C	S	G	S	I	U
O	L	I	I	E	F	B	O	N	T	C
N	A	G	D	Z	T	R	B	N	A	C
A	E	A	K	E	N	O	L	P	T	O
R	R	R	A	N	M	G	I	R	I	S
A	W	T	T	N	O	E	N	H	O	A
P	Z	S	T	W	H	E	G	M	N	L
B	A	H	A	U	N	T	I	N	G	N

Haunting	Hobgoblin	Levitation
Medium	Occult	Orbs
Paranormal		

Puzzle 9

I	L	O	D	E	S	S	E	S	S	O	P
S	H	H	B	F	H	O	O	C	G	J	P
E	P	F	E	B	P	L	W	P	T	P	O
P	O	L	T	E	R	G	E	I	S	T	S
I	I	K	O	M	M	O	A	T	B	R	S
P	E	M	O	T	N	A	H	P	Y	T	E
R	S	P	T	E	C	N	A	E	S	T	S
R	P	H	A	N	T	A	S	M	A	R	S
T	E	A	A	J	E	D	W	E	A	S	I
A	E	R	E	T	C	E	P	S	A	O	O
A	E	N	S	G	E	Z	M	H	A	U	N
R	S	P	I	R	I	T	T	E	E	S	H

Phantasm
Phantom
Poltergeist
Possessed
Possession
Seance
Specter
Spirit

Puzzel 10

Q	H	Y	A	O	H	E	G	B	M	H	S	G	B
V	C	A	S	O	O	F	Y	O	R	T	E	I	L
M	U	V	E	H	T	E	S	E	E	I	C	N	O
N	N	S	N	G	H	I	A	A	K	A	I	O	O
V	E	W	O	D	O	H	I	O	C	R	T	H	D
A	A	C	B	E	O	B	W	A	U	W	E	A	C
C	R	E	D	I	T	N	A	H	S	F	B	A	U
A	T	E	P	U	R	A	S	D	D	B	Y	L	R
R	H	Y	U	D	O	L	N	E	O	S	N	O	D
V	L	D	D	A	W	O	I	C	O	E	N	O	L
E	Y	O	T	O	S	E	A	H	L	U	H	C	I
D	H	A	A	I	O	L	H	E	B	D	I	R	N
T	N	H	L	H	E	L	C	A	F	L	O	E	G
O	U	C	O	L	T	I	B	A	K	E	X	O	H

Bloodcurdling
Bloodsucker
Bloody
Bones
Carved
Chainsaw
Unearthly
Wraith

Puzzle 11

D	A	S	G	N	A	F	R	G	N	N	J
E	E	Q	L	R	A	U	C	A	R	M	E
T	S	E	I	E	O	E	R	E	S	Z	O
A	Z	E	V	T	I	O	M	I	R	G	C
T	E	N	E	G	Z	Z	C	O	H	O	T
I	E	E	E	H	R	R	I	V	G	G	T
P	T	H	L	N	O	U	J	E	D	T	C
A	I	G	O	X	N	T	E	K	R	I	R
C	T	M	E	T	O	S	P	S	G	W	S
E	E	M	I	R	U	E	T	O	O	O	L
D	W	U	D	R	E	R	R	D	R	M	E
E	H	E	O	J	I	Y	M	S	U	E	E

Decapitated
Exorcism
Grim
Demon
Fangs
Gruesome
Evil
Gory

Puzzel 12

I	R	O	D	R	L	N	E	M	I	L	E
C	F	E	C	E	C	C	T	Z	E	I	R
K	E	A	A	N	I	N	L	R	R	E	T
L	P	E	E	N	A	F	B	W	F	D	A
U	O	N	P	U	I	A	I	I	D	N	I
R	E	S	E	E	C	M	N	M	D	I	A
K	L	A	I	A	E	K	A	O	M	P	W
I	R	I	M	I	T	D	O	T	H	U	M
N	S	A	T	A	N	I	C	D	E	K	M
G	E	D	R	H	M	G	L	A	R	D	N
U	R	I	T	U	A	L	I	S	T	I	C
P	I	T	C	H	F	O	R	K	D	A	E

Knife Lurking Macabre
Mummified Pitchfork Reanimated
Ritualistic Satanic

Puzzle 13

G	N	I	L	L	I	H	C	E	N	I	P	S	T
T	N	L	N	Q	A	G	U	E	K	E	E	E	H
F	M	L	E	R	E	N	P	P	F	Z	K	E	H
B	A	N	S	E	T	I	O	A	G	S	R	N	A
E	M	W	F	A	K	L	T	N	A	F	T	N	L
W	E	N	B	T	O	G	I	C	R	G	F	I	R
B	R	C	N	U	F	N	Y	H	L	E	S	I	R
O	E	E	N	C	H	I	N	S	H	E	E	D	L
C	V	M	L	T	L	T	K	R	R	E	N	E	N
L	A	E	A	Z	F	E	P	T	W	E	T	E	E
T	D	T	R	N	F	N	A	I	D	E	N	N	E
N	A	E	A	S	T	I	K	I	L	L	E	R	R
R	C	R	E	L	A	P	I	E	A	S	S	E	P
R	Q	Y	I	W	O	S	I	C	E	Y	V	G	S

Bat
Cadaver
Casket
Cemetery
Cobweb
Killer
Spine-Chilling
Spine-Tingling
Spree

Puzzel 14

E	D	H	I	F	I	E	Y	M	P	F	L
E	E	X	T	H	E	C	C	U	R	N	O
E	C	T	L	R	S	U	E	I	S	E	M
F	O	P	I	S	R	L	C	R	Y	P	T
E	M	E	P	S	H	P	M	O	E	C	O
S	P	P	E	H	M	C	E	T	T	O	O
P	O	D	R	R	I	O	E	A	N	N	G
R	S	H	O	R	E	F	T	M	O	T	C
O	I	P	T	I	G	F	E	E	P	R	U
C	N	N	D	L	E	I	N	R	S	C	R
E	G	E	C	Q	F	N	E	C	I	F	I
D	E	E	N	E	P	I	T	A	P	H	R

Coffin
Crypt
Eerie
Corpse
Cursed
Epitaph
Crematorium
Decomposing

Puzzel 15

T	E	N	V	F	L	O	W	E	R	E	W	E
T	N	C	T	A	G	E	N	I	S	Y	O	R
S	S	A	A	H	H	K	T	E	K	T	G	E
O	E	V	O	M	Y	J	V	L	A	E	C	T
H	S	U	R	L	O	R	T	Y	K	L	T	F
G	L	H	K	I	C	A	H	U	R	T	A	I
I	E	G	C	I	C	T	T	B	M	T	S	H
A	L	C	O	T	U	O	G	U	R	T	W	S
O	E	F	L	F	T	E	T	E	A	R	T	E
T	T	C	R	U	S	A	H	X	N	E	E	P
E	B	T	A	E	N	H	G	R	T	R	E	A
O	S	B	W	T	W	I	T	C	H	G	M	H
W	V	E	A	A	A	C	E	I	R	I	N	S

Ghost
Ghoul
Mutant
Shapeshifter
Warlock
Werewolf
Witch

Puzzel 16

P	T	F	L	E	D	I	N	R	E	R
E	G	N	I	V	R	E	N	N	U	U
D	R	E	O	T	X	S	F	Y	S	E
E	H	A	R	N	P	R	F	A	T	R
I	C	E	M	O	A	I	B	A	A	P
F	H	Y	O	T	R	N	S	N	R	C
I	S	K	G	R	H	H	R	E	T	R
R	Y	O	O	S	K	G	T	W	L	E
T	T	H	E	A	C	N	I	Y	I	E
E	T	R	K	E	C	C	E	N	N	P
P	R	E	E	E	K	H	K	I	G	Y

Creepy
Nightmare
Startling
Eek
Petrified
Unnerving
Horrify
Spooky

Puzzle 17

B	M	O	T	F	S	P	I	D	E	R
S	E	C	A	E	R	G	E	T	O	O
M	T	B	O	C	H	T	S	A	E	L
S	T	I	T	O	N	O	R	M	S	L
D	T	F	S	A	H	O	S	H	Y	U
D	L	T	H	G	N	E	A	J	G	K
S	L	C	A	Y	N	D	H	T	N	S
Y	N	F	H	S	O	T	L	F	N	A
E	D	H	T	W	S	I	A	A	L	T
N	O	I	T	I	R	A	P	P	A	A
L	L	S	I	T	O	N	I	T	S	L

Apparition
Ghostly
Spider

Enchanted
Shadow
Tomb

Ghost
Skull

Puzzel 18

H	T	D	E	T	P	H	G	E	N	H	H
M	U	I	D	E	M	H	H	D	N	G	A
S	E	R	W	U	O	O	O	I	O	A	U
E	A	U	N	U	S	E	T	B	I	E	N
N	I	T	L	O	C	C	U	L	T	O	T
A	D	I	E	U	N	S	B	F	A	I	E
I	S	I	Z	I	E	I	N	O	T	H	D
H	U	O	L	H	A	U	N	T	I	N	G
T	N	B	Y	T	N	H	G	L	V	A	G
I	O	T	G	H	O	U	S	E	E	I	E
G	I	I	E	D	H	S	N	O	L	A	E
G	N	I	L	B	O	G	B	O	H	H	C

Ghoulish	Goblin	Haunted
Haunting	Hobgoblin	House
Levitation	Medium	Occult

Puzzel 19

Alien	Boogeyman	Cyclops
Giant	Goblin	Snot
Vampire	Villain	

Puzzle 20

D	N	T	W	F	A	V	C	O	E	A	A
E	R	H	O	D	B	L	O	O	D	Y	Q
B	L	O	O	D	S	U	C	K	E	R	H
G	S	S	N	R	W	I	A	H	T	N	N
H	P	T	A	R	S	H	F	I	W	T	E
E	E	H	A	E	A	O	R	T	I	L	Z
E	C	I	H	H	C	I	S	P	H	D	W
T	T	Y	H	E	P	O	O	T	E	S	T
H	E	M	B	S	U	O	B	T	G	L	Q
R	R	B	Y	L	H	T	R	A	E	N	U
D	I	O	W	T	D	U	N	H	L	E	U
F	E	I	S	E	N	O	B	T	J	O	O

Bloodsucker
Bloody
Bones
Specter
Spirit
Unearthly
Wraith

Puzzle 21

D	I	R	S	F	C	O	E	T	G	R	N
E	W	R	A	E	E	A	T	J	S	E	E
C	A	F	T	D	N	E	R	I	S	L	H
A	S	I	D	E	G	C	D	V	L	A	P
P	N	G	S	L	O	E	E	I	E	A	R
I	I	H	H	N	R	N	V	X	U	D	Z
T	A	T	O	A	Y	E	O	E	I	T	N
A	H	D	S	R	O	R	S	S	O	S	A
T	C	A	N	G	C	R	D	E	M	O	N
E	T	E	S	I	N	P	Q	D	N	E	E
D	D	A	S	O	R	A	M	S	T	D	A
E	E	M	P	W	A	M	F	E	I	O	F

Carved
Demon
Fangs
Chainsaw
Evil
Gory
Decapitated
Exorcism

Puzzel 22

Grim
Lurking
Pitchfork
Gruesome
Macabre
Reanimated
Knife
Mummified

Puzzle 23

R	T	T	K	N	T	S	K	N	A	M	B	H	I
I	R	G	K	S	I	E	K	L	E	L	X	L	G
T	I	N	I	I	E	R	K	A	S	W	E	N	N
U	L	I	T	A	L	G	V	S	T	U	T	H	I
A	J	L	N	C	I	L	H	K	A	E	C	O	L
L	S	G	E	T	I	Z	E	N	G	C	A	C	L
I	A	N	E	C	S	N	D	R	T	T	D	J	I
S	I	I	R	Y	O	H	A	R	N	S	A	R	H
T	E	T	P	D	H	C	D	T	E	N	V	T	C
I	I	E	S	G	E	L	U	E	A	G	E	O	E
C	B	N	A	T	S	E	P	H	R	S	R	H	N
D	D	I	P	N	T	S	S	L	E	S	E	E	I
C	N	P	B	A	Y	G	I	I	O	H	L	H	P
R	M	S	B	E	I	B	U	A	L	S	I	H	S

Bat	Cadaver	Casket
Killer	Ritualistic	Satanic
Spine-Chilling	Spine-Tingling	Spree

Puzzel 24

Y	G	N	I	S	O	P	M	O	C	E	D
R	E	O	C	T	S	T	I	I	S	A	H
E	U	A	O	R	C	R	C	H	B	E	E
T	E	I	F	L	Y	K	E	H	E	M	I
E	I	E	O	S	M	P	O	A	W	C	W
M	R	N	N	J	E	E	T	G	B	C	N
E	D	R	E	S	M	P	W	L	O	S	I
C	D	E	S	R	U	C	B	R	C	E	F
W	M	T	A	W	T	A	P	I	R	T	F
N	T	R	E	E	H	S	N	P	E	T	O
I	O	R	A	M	E	E	A	T	E	O	C
P	M	U	I	R	O	T	A	M	E	R	C

Cemetery
Corpse
Cursed
Cobweb
Crematorium
Decomposing
Coffin
Crypt

Puzzel 25

D	O	P	A	R	A	N	O	R	M	A	L
I	T	U	O	S	H	C	X	E	Y	P	P
E	S	P	O	S	H	P	E	D	M	H	O
P	E	C	R	A	H	S	E	A	A	A	L
E	T	D	A	A	C	S	H	A	A	N	T
E	A	O	N	L	S	S	S	T	T	T	E
I	C	T	T	E	R	K	B	H	O	A	R
I	O	N	S	I	B	S	L	R	G	S	G
M	N	S	A	O	E	O	S	R	O	M	E
P	O	S	S	E	S	S	I	O	N	Q	I
P	O	N	A	P	S	S	O	T	A	P	S
O	M	S	H	M	T	R	T	E	Z	E	T

Orbs	Paranormal	Phantasm
Phantom	Poltergeist	Possessed
Possession	Seance	

Puzzel 26

W	R	Y	H	W	S	R	O	E	R
L	L	A	C	T	O	S	U	L	D
L	E	O	O	I	E	D	O	T	D
U	R	E	D	I	P	S	A	I	Q
K	T	N	O	D	V	D	B	H	A
S	T	A	C	N	R	R	M	B	S
O	I	D	M	E	O	E	L	U	T
W	H	I	O	M	E	A	S	M	O
L	H	O	I	T	C	R	A	S	M
H	O	N	U	K	C	U	L	T	B

Black	Cat	Dress
Morbid	Owl	Shadow
Skull	Spider	Tomb

Puzzel 27

N	O	R	D	L	U	A	C	E	T	G
H	T	A	H	G	K	T	H	H	B	E
L	A	E	S	F	D	R	E	A	R	L
A	W	G	C	L	C	F	L	O	O	V
C	T	T	W	E	N	E	E	O	O	I
I	H	R	D	C	H	P	D	P	M	H
N	E	Y	S	C	A	C	D	I	S	L
O	C	O	A	C	R	H	N	D	T	P
C	T	R	U	O	M	S	E	Z	I	H
A	I	O	N	E	L	K	C	A	C	T
E	S	E	R	T	B	G	E	Y	K	A

Broomstick
Cauldron
Hag

Cackle
Conical
Hat

Cape
Crone
Newt

Puzzel 28

H	N	R	E	C	I	G	A	M	S	E	A
I	E	H	S	H	E	R	H	Y	H	K	I
R	C	O	U	L	P	C	R	S	X	Z	C
T	R	E	C	H	G	E	H	I	O	E	L
P	O	L	O	Y	C	P	O	P	A	C	H
D	M	M	P	R	A	O	C	T	A	R	I
O	A	M	O	P	R	I	U	D	A	U	I
A	N	S	A	O	C	N	S	T	T	H	I
R	C	O	R	T	E	T	U	C	E	I	O
T	Y	R	T	I	Y	Y	P	S	A	R	T
E	E	S	E	O	H	S	E	O	R	C	C
I	N	C	A	N	T	A	T	I	O	N	A

Hex
Magic
Pointy
Sorcery

Hocus
Necromancy
Potion

Incantation
Pocus
Shoes

Puzzel 29

Revolting
Toad
Wiccan

Spell
Wand
Witchcraft

Superstition
Warlock

Puzzel 30

T	I	L	M	E	R	E	I	N	T
Y	O	T	O	U	E	R	N	C	Y
K	R	L	S	O	P	H	E	M	A
C	H	O	T	R	U	E	I	V	O
I	T	O	G	O	L	L	Y	O	S
T	O	M	W	T	S	T	Z	U	Z
H	O	H	Y	T	I	E	P	H	Y
N	G	H	G	E	V	H	P	L	O
O	B	C	E	N	E	O	H	O	E
E	Y	E	L	S	E	V	G	Q	N

Goo
Ooze
Rotten
Gory
Pus
Slimy
Icky
Repulsive

www.ingramcontent.com/pod-product-compliance
Lightning Source LLC
LaVergne TN
LVHW082307150826
845677LV00009B/1746

* 9 7 9 8 8 4 9 2 2 6 0 3 3 *